Méli-mélo des mots
2
CE2

S'amuser à réfléchir en jonglant avec les mots, tel est le but principal de ces fiches. Des consignes simples, peu d'écrits, la priorité est donnée à la réflexion et au plaisir de jouer avec les mots.

- Trouver une fin commune à plusieurs mots.
- Trouver un début commun à plusieurs mots.
- Retrouver deux mots imbriqués l'un dans l'autre.
- Compléter des expressions et donner leur signification.
- Retrouver des anagrammes, etc.

- 28 pages d'exercices
- 28 pages autocorrectives

ISBN : 978-2-912326-53-9
EAN : 9782912326539

Prénom :

*** Méli-mélo des mots.**

ma	sur	rpe	nier
der	li	pagne	quide
écha	cam	gique	prise

exemple

magique	sur
der	li
écha	cam

*** Je complète les phrases avec quelques-uns des mots trouvés.**

La fée prend sa baguette magique. J'aime bien me promener à la _________ N'oublie pas ton _________, il fait froid. Quelle _________ ! On ne vous attendait pas. Le _________ coureur est arrivé avec beaucoup de retard.

*** Je cherche le milieu identique aux trois mots.**

ri – ru – pe – ro – mi – pa – le

exemple

co	pa	in	→	copain
cou	pa	ble	→	
cra	pa	ud	→	

cou		nne	→	
ca		tte	→	
pa		le	→	

*** Je complète les définitions avec les mots trouvés ci-dessus.**

Le contraire d'innocent : _________

On la demande pour parler : _________

Ressemble à une grenouille : _________

Sur la tête des rois: _________

*** Drôle d'inventaire : je complète comme l'exemple.**

des lunettes de musique	des lunettes de soleil
une bande de pain	
une roue de soleil	
une tranche de copains	

Prénom :

*** Plusieurs mots, un seul début.**
Je complète ensuite les phrases avec deux des mots trouvés.

tri – pan – cra – plo – chan – pri – far – cou

exemple

	son	prison
pri	mevère	primevère
	nce	prince

	vate	
	chin	
	yon	

La primevère est une des premières fleurs du printemps.

Le ____________ est une petite pluie fine.

*** Je retrouve les anagrammes et je complète les phrases.**

exemple

gnise	singe	

plema		

Le singe aime les bananes. Le gendarme fait ________ au conducteur de s'arrêter. La __________ du bureau est éteinte. L'homme-grenouille nage avec des ____________.

*** Je retrouve l'animal pour compléter l'expression.**
Je relie l'expression à sa signification.

mouche – loup – moineau – chien – éléphant – chat

exemple

- aller au devant du danger ● ● avoir une cervelle de ________
- bien retenir ● ● avoir une écriture en pattes de ________
- écrire tout petit ● ● avoir une mémoire d'________
- ne pas beaucoup réfléchir ● ● être comme ________ et ________
- se disputer, ne pas s'entendre ● ● se jeter dans la gueule du loup

exemple

Prénom :

*** Je cherche le milieu identique aux trois mots.**

ma – ta – ti – mo – to – ro – ru – ri – do

vit		ne	→
éc		ture	→
vé		té	→

vic		ire	→
re		ur	→
oc		bre	→

*** Je complète les définitions avec les mots trouvés ci-dessus.**

Avant novembre : ____________ *Celle des magasins est décorée à Noël :* ____________

J'ai pris un billet de train « aller – ________ » *Il faut toujours la dire :* ____________

*** Méli-mélo des mots.**

cor	plon	mage	ping
cam	sol	toire	dat
fro	vic	beau	geoir

cor	

*** Je complète les phrases avec quelques-uns des mots trouvés.**

Le yaourt et le ____________ sont des produits laitiers. Le ________ met son uniforme. Le terrain de ____________ est situé près de la plage. Le ____________ a construit son nid dans ce chêne.

*** Je retrouve les deux mots cachés.**

chevalise	cheval	et (exemple)	valise
noircircuit	________	et	________
servirage	________	et	________

Prénom :

*** Plusieurs mots, une seul fin.**
Je complète ensuite les phrases avec deux des mots trouvés.

ute – chon – cher – lot – se   tion – moir – teur – che – pour

ro	exemple	rocher	séca		
bou	cher	boucher	trac		
clo		clocher	mo		

Le boucher vend de la viande. Je coupe les roses avec un ________.

*** Drôle d'inventaire : je complète comme l'exemple.**

un oiseau - fleur	un oiseau-mouche
un beau - fort	
un timbre – mouche	
un chou - frère	
un coffre - poste	

*** Méli-mélo des mots.**

trem	hau	boise	pière
cou	ar	plin	teur
fram	pau	gent	vercle

trem	

*** Je complète les phrases avec quelques-uns des mots trouvés.**

La ____________ est un fruit rouge. Zoé saute sur le ________. Je visse le ____________ du pot de confiture. J'ai une médaille en ________.

Prénom :

*** Je retrouve l'animal pour compléter l'expression.**
Je relie l'expression à sa signification.

lièvre – coq – puce – chevaux – chat

se douter de quelque chose	●	●	monter sur ses grands _______
se mettre en colère	●	●	être fier comme un _______
demander la réponse	●	●	détaler comme un _______
être orgueilleux	●	●	avoir la _______ à l'oreille
s'enfuir à toute vitesse	●	●	donner sa langue au _______

*** Plusieurs mots, un seul début.**
Je complète ensuite les phrases avec deux des mots trouvés.

orc – pan – sur – pir – chan – pri – far – mer

	ate	
	ogue	
	ouette	

	ingue	
	ci	
	veille	

Le _______ cache son trésor sur l'île déserte.

La _______ est un gâteau très léger.

*** Méli-mélo des mots.**

cas	nénu	gasin	tang
é	af	quette	rière
ma	clai	fiche	phar

cas	

*** Je complète les phrases avec quelques-uns des mots trouvés.**

Des _______ recouvrent ce petit _______. Cette _______ se décolle du mur. Une biche vient souvent dans la _______ de ce bois. Le _______ de jouets sera fermé tous les dimanches.

Prénom :

*** Je retrouve les deux mots cachés.**

castortue __________ et __________

asticoton __________ et __________

mentiroir __________ et __________

*** Je retrouve les anagrammes et je complète les phrases.**

poelu			lisave		

La __________ picore le grain. Je prends une __________ pour mieux voir.
Le voyageur porte sa __________. La __________ humidifie notre langue.

*** Je cherche le milieu identique aux trois mots.**

ce – per – mi – er – ma – li – ver – soi – chou

tra		sin	→	
ou		te	→	
ca		ne	→	

nor		le	→	
se		ine	→	
to		te	→	

*** Je complète les définitions avec les mots trouvés ci-dessus.**

Ancien abri naturel des hommes : __________ *Parfois sous l'oreiller :* __________

Pas toujours rouge mais délicieuse : __________ *Il y en a 52 chaque année :* __________

*** Un intrus dans la famille ! Entoure le mot qui ne fait pas partie de la famille.**

lait	laitage	laitue	allaiter	laitier	laiterie
chant	chanter	chanteur	chanson	chantier	chantonner
terre	terrien	atterrir	terrestre	terminer	terrier
dent	dentiste	dentier	danger	dentifrice	dentition

Prénom :

*** Méli-mélo des mots.**

lam	éo	grateur	ton
ambu	mi	rizon	lienne
car	ho	lance	padaire

lam	

** Je complète les phrases avec quelques-uns des mots trouvés.*

L'hirondelle est un oiseau ____________. L'____________ transporte le blessé à l'hôpital. Le vent fait tourner l'____________ qui produit de l'électricité. Ce ____________ éclaire notre rue. Le soleil se couche à l'____________.

*** Plusieurs mots, une seul fin.**
Je complète ensuite les phrases avec deux des mots trouvés.

ce – tire – mare – ron – cation   peau – teau – let – mir – mois

indi		
fabri		
édu		

cha		
ga		
brace		

Les parents doivent donner une bonne ____________ à leurs enfants.
Nous ramassons des ____________ sur la plage.

*** Drôle d'inventaire : je complète comme l'exemple.**

un maillot de canon	un maillot de
la hache de bain	
un point de parquet	
un boulet de guerre	
une lame de côté	

Prénom :

*** Je cherche le milieu identique aux trois mots.**

ti – ir – on – at – to – or – it – sou – d

sp		tif	→
sc		pion	→
rem		que	→

ré		ne	→
pa		ence	→
den		ste	→

*** Je complète les définitions avec les mots trouvés ci-dessus.**

Dans le fond de l'œil : ____________ *On l'attache derrière la voiture :* ____________

Animal parfois dangereux : ____________ *Spécialiste de la roulette :* ____________

*** Quel potage ! Je complète l'expression et je relie à la bonne phrase.**

carottes – oignons – champignon – salades

accélérer	●	●	raconter des ____________
dire des mensonges	●	●	en rang d'____________
sur une seule ligne	●	●	les ____________ sont cuites
tout est perdu, il n'y a plus d'espoir	●	●	appuyer sur le ____________

*** Plusieurs mots, un seul début.**
Je complète ensuite les phrases avec deux des mots trouvés.

per – pan – por – plo – mir – pri – ver – min

	tèbre	
	glas	
	tige	

	trait	
	tail	
	celaine	

Je ne peux pas grimper à cette échelle car j'ai le ____________ .

Les assiettes en ____________ sont jolies mais fragiles.

Prénom :

*** Drôle d'inventaire : je complète comme l'exemple.**

un tronc d'identité	un tronc d'
la dame de conduire	
une carte d'orchestre	
un permis de pique	
un chef d'arbre	

*** Méli-mélo des mots.**

venti	cou	vreuil	pente
che	ver	tèque	leuvre
char	pas	nis	lateur

venti	

*** Je complète les phrases avec quelques-uns des mots trouvés.**

Une ________ se faufile dans les herbes. La ________ du toit est en mauvais état. La ________ est un fruit très rafraîchissant. Un jeune ________ poursuivi par les chiens vient de sortir du bois.

*** Je retrouve l'animal pour compléter l'expression.**
Je relie l'expression à sa signification.

crocodile – boeufs – chien – vaches – loup

avoir mauvais caractère ●	● être connu comme le ______ blanc
être très connu ●	● un vent à décorner les ______
faire semblant de pleurer pour obtenir quelque chose ●	● le plancher des ______
la terre ferme ●	● pleurer des larmes de ______
un vent très fort ●	● avoir un caractère de ______

Prénom :

*** Je retrouve les anagrammes et je complète les phrases.**

dancra			peurot		

Le ____________ barbote dans la mare. Le ____________ solaire nous permet de connaître l'heure grâce au soleil. Une ____________ de cette charpente est en chêne. Une ____________ de musiciens anime la fête.

*** Méli-mélo des mots.**

tour	prin	quante	tre
si	ins	gnature	trument
mons	cin	cesse	terelle

tour	

*** Je complète les phrases avec quelques-uns des mots trouvés.**

Il y a cinq dizaines dans ____________. Ca ____________ est illisible. Le violon est un ____________ à cordes. Une ____________ roucoule sur le toit. Le petit berger épousera la ____________ à la fin de ce conte

*** Je cherche le milieu identique aux trois mots.**

tir – pru – ter – cre – tar – mir – pri – sol – cer

com		mé	→	
im		merie	→	
ca		ce	→	

nec		rine	→	
gui		iste	→	
mou		de	→	

*** Je complète les définitions avec les mots trouvés ci-dessus.**

Elle a six cordes : ____________ *Une variété de pêche :* ____________

On y fabrique les livres : ____________ *Elle pique :* ____________

Prénom :

**** Plusieurs mots, un seul début.***
Je complète ensuite les phrases avec deux des mots trouvés.

val – for – rai – cer – chai – pri – cho – per

	ise	
	veau	
	cle	

	sonne	
	ruque	
	drix	

Mon oncle a tué deux ____________ ce matin à la chasse.

On utilise un compas pour tracer un ____________.

**** Je retrouve l'animal pour compléter l'expression.4***
Je relie l'expression à sa signification.

grenouilles – taureau – agneau – chat – canard

se laver sommairement	●	●	il fait froid de __________
il fait très froid	●	●	doux comme un __________
faire face aux difficultés	●	●	faire une toilette de __________
d'un caractère agréable et non violent	●	●	avoir des __________ dans le ventre
avoir des gargouillis	●	●	prendre le __________ par les cornes

**** Je retrouve les deux mots cachés.***

raisinge __________ et __________

potagerçure __________ et __________

floconserve __________ et __________

Prénom :

*** Je cherche le milieu identique aux trois mots.**

moi – pi – va – vo – tai – seu – lai – vol – car

vi		ne	→		mau		is	→	
mo		re	→		sau		ge	→	
b		reau	→		tra		il	→	

*** Je complète les définitions avec les mots trouvés ci-dessus.**

Animal des bois : ________________

Le lion est un animal ______________

Pas bon du tout : ________________

Pas gentille ou pas belle : ____________

*** Drôle d'inventaire : je complète comme l'exemple.**

un perce - cou	un perce-
un porte - pierre	
un casse - neige	
un croque - linge	
un lance - monsieur	
un lave - bonheur	

*** Je retrouve les anagrammes et je complète les phrases.**

recta			agre		

Le chasseur a perdu la __________ du sanglier. La belote est un jeu de __________ très connu. Le train entre en ________. Ce chien est dangereux, il a la ________.

Prénom :

*** Méli-mélo des mots.**

py	per	secte	nette
gar	ho	ramide	venche
in	rai	dien	mard

py	

*** Je complète les phrases avec quelques-uns des mots trouvés.**

La ___________ est une petite grenouille. On peut admirer des ___________ en Egypte. Le ___________ du musée attend les visiteurs. La ___________ est une fleur bleue. Le ______________ est un crustacé qui possède d'énormes pinces.

*** Plusieurs mots, un seul début.**
Je complète ensuite les phrases avec deux des mots trouvés.

cal – flu – cra – plo – gra – art – arb – gli

	isse	
	ine	
	ppe	

	iste	
	ichaut	
	ifice	

Le 14 juillet nous irons admirer le feu d'___________ qui sera tiré du château. Cette _____________ de raisin n'est pas encore mûre.

*** Salade de fruits ! Je complète l'expression et je relie à la bonne phrase.**

prunes – châtaigne – pêche – pommes

être en pleine forme	●	●	prendre une ___________
s'évanouir	●	●	compter pour des __________
prendre une décharge électrique	●	●	avoir la ___________
ça ne compte pas	●	●	tomber dans les ___________

Prénom :

*** Je retrouve l'animal pour compléter l'expression.**
Je relie l'expression à sa signification.

sardines – coq – cochons – rat – souris – chat

avoir des mollets petits et maigres	●	●	quand le ______ n'est pas là les ______ dansent
être pris au piège	●	●	être serrés comme des ______
faire un cadeau à quelqu'un qui ne sait pas l'apprécier	●	●	être fait comme un ______
ne plus pouvoir bouger tellement on est serrés	●	●	donner de la confiture à des ______
quand on n'est pas surveillé on fait ce qu'on veut	●	●	avoir des mollets de ______

*** Je cherche le milieu identique aux trois mots.**

li – ri – ce – tu – da – ca – ci – mi – di

in		sive	→	
sau		sson	→	
ra		ne	→	

sar		ne	→	
ra		ateur	→	
en		ve	→	

*** Je complète les définitions avec les mots trouvés ci-dessus.**

Il nous réchauffe : ______________ *Légume aux feuilles blanches :* ______________

Dent de devant : ______________ *Charcuterie à l'ail ou sec :* ______________

*** Je retrouve les deux mots cachés.**

dessincère ______________ et ______________

hivertige ______________ et ______________

voicigale ______________ et ______________

Prénom :

*** Je retrouve les anagrammes et je complète les phrases.**

repah			gerdan		

La ________ a beaucoup de cordes. Un ________ indique l'entrée du port. Les passagers de la voiture sont en ____________ car ils n'ont pas attaché leur ceinture. Ma sœur est plus __________ que toi.

*** Drôle d'inventaire : je complète comme l'exemple.**

une chemise à pharmacie	une chemise à
une canne à cheval	
une clé à carreaux	
une armoire à voile	
un fer à molette	
Une planche à pêche	

*** Méli-mélo des mots.**

cham	mo	rité	pon
majo	oc	voine	niteur
har	pi	pagne	casion

cham	

*** Je complète les phrases avec quelques-uns des mots trouvés.**

Nous avons acheté une voiture d'____________ à un particulier. Il faut être très adroit pour pêcher au __________. En France la ___________ est à 18 ans. Le ______________ est un vin effervescent très apprécié.

Prénom :

*** Méli-mélo des mots.**

chan	cer	line	cheur
tri	traî	tier	sière
col	pous	neau	tain

chan	

*** Je complète les phrases avec quelques-uns des mots trouvés.**

Le __________ a caché des cartes dans la manche de sa veste. Le __________ est tiré par six chiens. Il reste de la __________ sous le lit. Ce __________ est interdit au public.

*** Je cherche le milieu identique aux trois mots.**

mo – co – ca – bo – ti – mu – do – du – di

gon		le	→	
bre		uille	→	
ar		ise	→	

va		rme	→	
cas		de	→	
sé		teur	→	

*** Je complète les définitions avec les mots trouvés ci-dessus.**

Chute d'eau : __________ *Outil coupant du jardinier:* __________

Pierre bleue des couvreurs : __________ *Le chasseur le revient parfois :* __________

*** Je retrouve les deux mots cachés.**

jardinageoire __________ et __________

décorbeau __________ et __________

jamaison __________ et __________

alligatorchon __________ et __________

Prénom :

*** Plusieurs mots, un seul début.**
Je complète ensuite les phrases avec deux des mots trouvés.

mar – cam – cra – plo – cham – pri – li – ter

	mite	
	reau	
	miner	

	bre	
	pagne	
	ois	

Je boirais bien une coupe de ______________ pour fêter ta victoire.
Tu dois ______________ ton devoir avant de sortir sur la cour.

*** Plusieurs mots, une seul fin.**
Je complète ensuite les phrases avec deux des mots trouvés.

dron – tre – ser – ffer – rdir   tre – ssion – sseur – ter – ssaire

réchau		
coi		
étou		

commi		
discu		
profe		

La bouillotte va me ____________ les pieds.
Je ne dois pas oublier le beurre sur la liste des ____________.

*** Méli-mélo des mots.**

ban	ice	ème	stacle
ob	co	que	quête
en	po	quille	berg

ban	

*** Je complète les phrases avec quelques-uns des mots trouvés.**

Le cheval a franchi l'__________ facilement. La ____________ de l'escargot est fragile. J'ai appris ce ___________ très facilement. L'inspecteur Dupond mène l'____________. La ___________ est fermée le lundi matin.

Prénom :

*** Je retrouve les deux mots cachés.**

pantalongueur ____________ et ____________

rampervenche ____________ et ____________

bonjournal ____________ et ____________

*** Je retrouve l'animal pour compléter l'expression.**
Je relie l'expression à sa signification.

guêpe – vipère – chat – lapin – cheval

se laver sommairement	●	●	avoir une fièvre de ____________
ne pas se rendre à un rendez-vous	●	●	faire une toilette de ____________
être très malade	●	●	avoir une taille de ____________
dire du mal des autres	●	●	poser un ____________
avoir la taille très fine	●	●	être une langue de ____________

*** Je retrouve les anagrammes et je complète les phrases.**

norec			crigea		

Le bouquetin a de grandes ____________. La ____________ est un arbuste couvert d'épines. Le ____________ protège les chaussures en cuir. Mon voisin fume souvent le ____________.

*** Salade de fruits ! Je complète l'expression et je relie à la bonne phrase.**

poire – cerise – pêche – pommes

partager	●	●	avoir un teint de ____________
tout petit	●	●	couper la ____________ en deux
avoir la peau rose et veloutée	●	●	la ____________ sur le gâteau
quelque chose en plus	●	●	haut comme trois ____________

Prénom :

*** Méli-mélo des mots.**

por	com	ceuse	pête
per	tem	boise	pote
pré	fram	sident	tière

por	

*** Je complète les phrases avec quelques-uns des mots trouvés.**

La __________ a provoqué d'importants dégâts. La __________ est un fruit rouge délicieux. Une __________ de notre voiture a été endommagée. Nous élisons un nouveau __________ tous les cinq ans.

*** Quel potage ! Je complète l'expression et je relie à la bonne phrase.**

radis – pois – navet – haricots

être complètement stupide	●	●	voir un __________
être sans argent	●	●	c'est la fin des __________
la fin de tout.	●	●	avoir un petit _____ à la place du cerveau
voir un mauvais film	●	●	ne plus avoir un __________

*** Je cherche le milieu identique aux trois mots.**

su – pe – ro – sa – tu – pli – ar – rou – pi

vi		ge	→
mé		nge	→
as		ssin	→

stu		de	→
ca		tale	→
é		ngle	→

*** Je complète les définitions avec les mots trouvés ci-dessus.**

Idiot : __________ *Petit oiseau parfois jaune et bleu :* __________

Peut tenir les cheveux : __________ *Personnage très dangereux :* __________

Prénom :

***** Je retrouve l'animal pour compléter l'expression.**
Je relie l'expression à sa signification.

moineau – cochons – coq – ver – vache

parler très mal le français	●	●	être nu comme un ________
ne rien avoir sur soi	●	●	au chant du ________
manger très peu	●	●	être copains comme ________
être très amis	●	●	parler français comme une ________ espagnole
de bon matin	●	●	avoir un appétit de ________

***** Drôle d'inventaire : je complète comme l'exemple.**

un ouvre - ciel	un ouvre-
un chauffe - cigare	
un gratte - nigaud	
un allume - eau	
un attrape - poste	
un timbre - fort	
un coffre - boîte	

***** Je retrouve les anagrammes et je complète les phrases.**

gedui			agen		

Une énorme ________ empêche la rivière d'inonder les champs. Un ________ nous explique l'histoire du château de Versailles. Ma petite sœur ________ comme un poisson. On représente les ________ avec des ailes dans le dos.

Prénom :

*** Je cherche le milieu identique aux trois mots.**

car – sai – si – vai – po – vi – mil – soi – nai

ser		ette	→	
ri		ère	→	
éper		er	→	

vi		gre	→	
pu		se	→	
te		lle	→	

*** Je complète les définitions avec les mots trouvés ci-dessus.**

Utile pour arracher un clou : ____________ *Insecte ou petit clou à tête ronde :* ____________

Oiseau rapace ou jeu de cour : ____________ *Pour s'essuyer :* ____________

*** Méli-mélo des mots.**

tran	por	voir	neille
plom	cor	quille	signol
ros	réser	trait	bier

tran	

*** Je complète les phrases avec quelques-uns des mots trouvés.**

Chante, ____________ chante, toi qui a le cœur gai. Le __________ a remplacé le lavabo de la salle de bain. Le ____________ de ta voiture est presque vide. Le ____________ de la Joconde est exposé au Louvre. La ____________ est un oiseau au plumage noir.

*** Plusieurs mots, un seul début. Je complète ensuite les phrases avec deux des mots trouvés.**

far – cla – ham – cal – cha – pri – fra – cer

	eçon	
	umet	
	endrier	

	ise	
	gile	
	mboise	

J'aime bien la confiture de ____________ et la gelée de ____________.

En décembre, tous les ans, le facteur nous propose son ____________.

Prénom :

*** Je retrouve les anagrammes et je complète les phrases.**

fonler			troffe		

Le ________ est un insecte qui ressemble à une grosse guêpe. Mon père ________ la nuit. Ma tante m'a ________ un livre à Noël. Encore un ________ et tu vas arriver en haut de cette colline.

*** Je cherche le milieu identique aux trois mots.**

ri – pit – von – cha – bra – roi – il – bri – par

im		fait	→	a		cot	→
dis		ition	→	cam		oler	→
dé		tement	→	nom		l	→

*** Je complète les définitions avec les mots trouvés ci-dessus.**

Le Calvados en est un : ________ *Temps passé :* ________

Voler sans ailes : ________ *Au milieu du ventre :* ________

*** Méli-mélo des mots.**

ven	tor	binet	gnet
cha	trom	chon	pette
poi	ro	deur	grin

ven	

*** Je complète les phrases avec quelques-uns des mots trouvés.**

Nous ne pouvons pas arroser les fleurs du jardin car le ________ est bloqué. Le voisin nous réveille tous les matins en jouant de la ________. Tu essuies la vaisselle avec un ________ qui n'est pas très propre. Je ne peux pas écrire car je me suis cassé le ________ droit. Hélène a du ________ parce qu'elle a perdu son petit chat.

Prénom :

*** Drôle d'inventaire : je complète comme l'exemple.**

un abat - pain	un abat-
un sèche - croûte	
un taille - cheveu	
un grille - jour	
un casse - crayon	

*** Je retrouve les deux mots cachés.**

languenille ____________ et ____________

cafévrier ____________ et ____________

examensonge ____________ et ____________

dormiroir ____________ et ____________

*** Méli-mélo des mots.**

bou	ra	dicule	velot
paque	ja	pace	tié
moi	ri	quetin	bot

bou	

*** Je complète les phrases avec quelques-uns des mots trouvés.**

Le lanceur de ____________ s'entraîne pour les Jeux Olympiques. Quinze est la ____________ de trente. Le hibou est un ____________ qui chasse la nuit. Le Titanic était un énorme ____________ de croisière. On peut observer des ____________ dans les Alpes.

Prénom :

*** Je retrouve l'animal pour compléter l'expression.**
Je relie l'expression à sa signification.

chien – dindon – coq – chats – lion – loup

prendre la plus grosse part	●	●	entre ________ et ________
la fin du jour	●	●	avoir d'autres ________ à fouetter
être chouchouté, dorloté	●	●	être le ________ de la farce
être celui qui ressort trompé et ridiculisé	●	●	être comme un ________ en pâte
avoir des problèmes plus importants à régler	●	●	se tailler la part du ________

*** Plusieurs mots, un seul début.**
Je complète ensuite les phrases avec deux des mots trouvés.

cout – pan – tour – plo – chin – pri – mat – sin

	inée	
	elas	
	ch	

	noi	
	terelle	
	nesol	

Une ________________ roucoule tous matins au sommet du sapin.

Nous irons rendre visite à grand-mère dans la ________________.

*** Je cherche le milieu identique aux trois mots.**

soi – ve – por – man – tra – gin – vu – moi – toi

gri		re	→	
mé		re	→	
de		selle	→	

sous		ire	→	
en		cte	→	
é		nger	→	

*** Je complète les définitions avec les mots trouvés ci-dessus.**

Autre nom de la libellule : ________________

Livre de sorcellerie : ________________

Pause au théâtre : ________________

Qui n'est pas d'ici : ________________

Prénom :

*** Méli-mélo des mots.**

vic	om	nète	tembre
sep	pu	paing	brelle
par	pla	time	blic

vic	

**** Je complète les phrases avec quelques-uns des mots trouvés.***

Louna se protège du soleil avec son __________. Les acteurs sont venus saluer le __________ à la fin du spectacle. Mon voisin a été __________ d'un cambriolage cette nuit. Le maçon a posé le dernier __________ de la maison. La terre est appelée la __________ bleue.

**** Je retrouve les anagrammes et je complète les phrases.***

sopeule			emar		

Je tonds la __________ du jardin. Cet acrobate est très __________, il se contorsionne dans tous les sens. Les canards barbotent dans la __________. Les __________ du bateau sont cassées

*** Je retrouve les deux mots cachés.**

blanchirurgien __________ et __________

journaliment __________ et __________

traversingulier __________ et __________

soupersonne __________ et __________

castorrent __________ et __________

poivrongeur __________ et __________

Prénom :

*** Quel potage ! Je complète l'expression et je relie à la bonne phrase.**

chou – patate – moutarde – oignons

les oreilles décollées	●	●	s'occuper de ses ________
être en pleine forme	●	●	les oreilles en feuilles de ________
se mêler de ses affaires	●	●	la ________ qui monte au nez
se mettre en colère	●	●	avoir la ________

*** Je cherche le milieu identique aux trois mots.**

son – ir – lon – ca – sar – or – jo – sou – cir

tou		urs	→	
en		liveur	→	
bon		ur	→	

per		ne	→	
men		ge	→	
pri		nier	→	

*** Je complète les définitions avec les mots trouvés ci-dessus.**

Quelqu'un : ________________

Il est derrière les barreaux : ________________

Contraire de jamais : ________________

Il embellit les roues : ________________

*** Plusieurs mots, un seul début.**
Je complète ensuite les phrases avec deux des mots trouvés.

pas – pla – déri – plo – chan – flo – cou – fou

	rrier	
	rageux	
	leuvre	

	tille	
	sager	
	soire	

J'égoutte les pâtes avec une ____________.

Le facteur distribue le ______________ vers onze heures du matin.

Prénom :

*** Je retrouve les anagrammes et je complète les phrases.**

seuca			reipo		

Je boite à ______ de mon entorse. Sur la salade je verse de la ______ vinaigrette. La ______ est un fruit à pépins. Le zèbre est une ______ facile pour le lion.

*** Méli-mélo des mots.**

car	mou	raude	gère
dire	fou	ment	touche
éme	ci	ction	ette

car	

*** Je complète les phrases avec quelques-uns des mots trouvés.**

Le chasseur a tiré sa dernière __________. Les __________ suivent le chalutier qui rentre au port. La girouette nous indique la __________ du vent. L'émeraude est une pierre précieuse verte. La __________ est une plante verte.

*** Drôle d'inventaire : je complète comme l'exemple.**

un essuie - pied
un casse - dent
un pince - glace
un couvre - oreille
un cure - bouchon
un tire - linge
un sèche - lit

un essuie-

Prénom :

*** Je cherche le milieu identique aux trois mots.**

ti – ir – on – bar – to – or – it – da – d

rhu		be	→
guim		de	→
dé		quer	→

ven		nge	→
pé		lo	→
gen		rme	→

*** Je complète les définitions avec les mots trouvés ci-dessus.**

La cueillette du raisin c'est ____________

Je pédale sur l'eau je fais du ____________

Descendre d'un bateau c'est ____________

On en fait de la confiture : ____________

*** Je retrouve les deux mots cachés.**

boutondeuse ____________ et ____________

jasminute ____________ et ____________

vraimenton ____________ et ____________

diamanteau ____________ et ____________

*** Méli-mélo des mots.**

plas	per	tile	card
rep	tri	sonne	mise
che	pla	tique	angle

plas	

*** Je complète les phrases avec quelques-uns des mots trouvés.**

Les chaussures sont rangées dans le ____________ du couloir. Le ____________ est un polygone à trois côtés. La vipère est un ____________ venimeux. Tu ne repasses jamais tes ____________. Il n'y a plus ____________ dans le magasin.

Correction

Méli-mélo des mots

CE2

CORRECTION

**** Méli-mélo des mots.***

ma	sur	rpe	nier
der	li	pagne	quide
écha	cam	gique	prise

magique	surprise
dernier	liquide
écharpe	campagne

**** Je complète les phrases avec quelques-uns des mots trouvés.***

La fée prend sa baguette magique. J'aime bien me promener à la campagne. N'oublie pas ton écharpe, il fait froid. Quelle surprise ! On ne vous attendait pas. Le dernier coureur est arrivé avec beaucoup de retard.

**** Je cherche le milieu identique aux trois mots.***

ri – ru – pe – ro – mi – pa – le

co	pa	in	→	copain
cou	pa	ble	→	coupable
cra	pa	ud	→	crapaud

cou	ro	nne	→	couronne
ca	ro	tte	→	carotte
pa	ro	le	→	parole

**** Je complète les définitions avec les mots trouvés ci-dessus.***

Le contraire d'innocent : coupable

On la demande pour parler : la parole

Ressemble à une grenouille : le crapaud

Sur la tête des rois : la couronne

**** Drôle d'inventaire : je complète comme l'exemple.***

des lunettes de musique	des lunettes de soleil
une bande de pain	une bande de copains
une roue de soleil	une roue de secours
une tranche de copains	une tranche de pain

CORRECTION

**** Plusieurs mots, un seul début.***
Je complète ensuite les phrases avec deux des mots trouvés.

tri – pan – cra – plo – chan – pri – far – cou

exemple	son	prison
pri	mevère	primevère
	nce	prince

	vate	cravate
cra	chin	crachin
	yon	crayon

La primevère est une des premières fleurs du printemps.

Le crachin est une petite pluie fine.

**** Je retrouve les anagrammes et je complète les phrases.***

gnise	singe	signe

plema	lampe	palme

Le singe aime les bananes. Le gendarme fait signe au conducteur de s'arrêter. La lampe du bureau est éteinte. L'homme-grenouille nage avec des palmes.

**** Je retrouve l'animal pour compléter l'expression.***
Je relie l'expression à sa signification.

mouche – loup – moineau – chien – éléphant – chat

aller au devant du danger	avoir une cervelle de moineau
bien retenir	avoir une écriture en pattes de mouche
écrire tout petit	avoir une mémoire d'éléphant
ne pas beaucoup réfléchir	être comme chien et chat
se disputer, ne pas s'entendre	se jeter dans la gueule du loup

(Liaisons : aller au devant du danger → se jeter dans la gueule du loup ; bien retenir → avoir une mémoire d'éléphant ; écrire tout petit → avoir une écriture en pattes de mouche ; ne pas beaucoup réfléchir → avoir une cervelle de moineau ; se disputer, ne pas s'entendre → être comme chien et chat)

CORRECTION

*** Je cherche le milieu identique aux trois mots.**

ma – ta – ti – mo – [to] – ro – ru – [ri] – do

vit	ri	ne	→	vitrine
éc	ri	ture	→	écriture
vé	ri	té	→	vérité

vic	to	ire	→	victoire
re	to	ur	→	retour
oc	to	bre	→	octobre

*** Je complète les définitions avec les mots trouvés ci-dessus.**

Avant novembre : octobre

Celle des magasins est décorée à Noël : la vitrine

J'ai pris un billet de train « aller – retour ».

Il faut toujours la dire : la vérité

*** Méli-mélo des mots.**

cor	plon	mage	ping
cam	sol	toire	dat
fro	vic	beau	geoir

corbeau	plongeon
camping	soldat
fromage	victoire

*** Je complète les phrases avec quelques-uns des mots trouvés.**

Le yaourt et le fromage sont des produits laitiers. Le soldat met son uniforme. Le terrain de camping est situé près de la plage. Le corbeau a construit son nid dans ce chêne.

*** Je retrouve les deux mots cachés.**

chevalise	cheval	et	valise
noircircuit	noircir	et	circuit
servirage	servir	et	virage

CORRECTION

*** Plusieurs mots, une seul fin.**
Je complète ensuite les phrases avec deux des mots trouvés.

ute – chon – cher – lot – se   tion – moir – teur – che – pour

ro	exemple	rocher
bou	cher	boucher
clo		clocher

séca		sécateur
trac	teur	tracteur
mo		moteur

Le boucher vend de la viande. Je coupe les roses avec un sécateur.

*** Drôle d'inventaire : je complète comme l'exemple.**

un oiseau - fleur	un oiseau-mouche
un beau - fort	un beau-frère
un timbre – mouche	un timbre-poste
un chou - frère	un chou-fleur
un coffre - poste	un coffre-fort

*** Méli-mélo des mots.**

trem	hau	boise	pière
cou	ar	plin	teur
fram	pau	gent	vercle

tremplin	hauteur
couvercle	argent
framboise	paupière

*** Je complète les phrases avec quelques-uns des mots trouvés.**

La framboise est un fruit rouge. Zoé saute sur le tremplin. Je visse le couvercle du pot de confiture. J'ai une médaille en argent.

CORRECTION

**** Je retrouve l'animal pour compléter l'expression.***
Je relie l'expression à sa signification.

lièvre – coq – puce – chevaux – chat

se douter de quelque chose	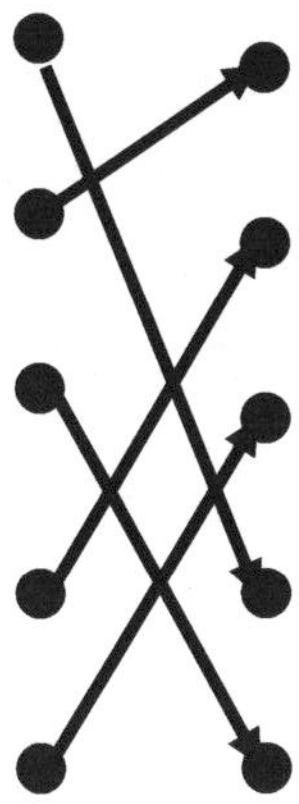	monter sur ses grands chevaux
se mettre en colère		être fier comme un coq
demander la réponse		détaler comme un lièvre
être orgueilleux		avoir la puce à l'oreille
s'enfuir à toute vitesse		donner sa langue au chat

**** Plusieurs mots, un seul début.***
Je complète ensuite les phrases avec deux des mots trouvés.

orc – pan – sur – pir – chan – pri – far – mer

	ate	pirate
pir	ogue	pirogue
	ouette	pirouette

	ingue	meringue
mer	ci	merci
	veille	merveille

Le pirate cache son trésor sur l'île déserte.

La meringue est un gâteau très léger.

**** Méli-mélo des mots.***

cas	nénu	gasin	tang
é	af	quette	rière
ma	clai	fiche	phar

casquette	nénuphar
étang	affiche
magasin	clairière

**** Je complète les phrases avec quelques-uns des mots trouvés.***

Des nénuphars recouvrent ce petit étang. Cette affiche se décolle du mur. Une biche vient souvent dans la clairière de ce bois. Le magasin de jouets sera fermé tous les dimanches.

CORRECTION

***Je retrouve les deux mots cachés.**

castortue	castor	et	tortue
asticoton	asticot	et	coton
mentiroir	mentir	et	tiroir

***Je retrouve les anagrammes et je complète les phrases.**

poelu	loupe	poule	lisave	salive	valise

La poule picore le grain. Je prends une loupe pour mieux voir.
Le voyageur porte sa valise. La salive humidifie notre langue.

***Je cherche le milieu identique aux trois mots.**

ce – per – mi – er – ma – li – ver – soi – chou

tra	ver	sin	→ traversin		nor	ma	le	→ normale
ou	ver	te	→ ouverte		se	ma	ine	→ semaine
ca	ver	ne	→ caverne		to	ma	te	→ tomate

***Je complète les définitions avec les mots trouvés ci-dessus.**

Ancien abri naturel des hommes : la caverne

Parfois sous l'oreiller : le traversin

Pas toujours rouge mais délicieuse : la tomate

Il y en a 52 chaque année : semaine

***Un intrus dans la famille ! Entoure le mot qui ne fait pas partie de la famille.**

lait	laitage	(laitue)	allaiter	laitier	laiterie
chant	chanter	chanteur	chanson	(chantier)	chantonner
terre	terrien	atterrir	terrestre	(terminer)	terrier
dent	dentiste	dentier	(danger)	dentifrice	dentition

CORRECTION

**** Méli-mélo des mots.***

lam	éo	grateur	ton
ambu	mi	rizon	lienne
car	ho	lance	padaire

lampadaire	éolienne
ambulance	migrateur
carton	horizon

** Je complète les phrases avec quelques-uns des mots trouvés.*

L'hirondelle est un oiseau migrateur. L'ambulance transporte le blessé à l'hôpital. Le vent fait tourner l'éolienne qui produit de l'électricité. Ce lampadaire éclaire notre rue. Le soleil se couche à l'horizon.

**** Plusieurs mots, une seul fin.***
Je complète ensuite les phrases avec deux des mots trouvés.

ce – tire – mare – ron – cation   peau – teau – let – mir – mois

indi		indication
fabri	cation	fabrication
édu		éducation

cha		chalet
ga	let	galet
brace		bracelet

Les parents doivent donner une bonne éducation à leurs enfants.

Nous ramassons des galets sur la plage.

**** Drôle d'inventaire : je complète comme l'exemple.***

un maillot de canon	un maillot de bain
la hache de bain	la hache de guerre
un point de parquet	un point de côté
un boulet de guerre	un boulet de canon
une lame de côté	une lame de parquet

CORRECTION

*** Je cherche le milieu identique aux trois mots.**

[ti] – ir – on – at – to – [or] – it – sou – d

sp	or	tif	→ sportif
sc	or	pion	→ scorpion
rem	or	que	→ remorque

ré	ti	ne	→ rétine
pa	ti	ence	→ patience
den	ti	ste	→ dentiste

*** Je complète les définitions avec les mots trouvés ci-dessus.**

Dans le fond de l'œil : la rétine

On l'attache derrière la voiture : la remorque

Animal parfois dangereux : le scorpion

Spécialiste de la roulette : le dentiste

*** Quel potage ! Je complète l'expression et je relie à la bonne phrase.**

carottes – oignons – champignon – salades

accélérer	appuyer sur le champignon
dire des mensonges	raconter des salades
sur une seule ligne	en rang d'oignons
tout est perdu, il n'y a plus d'espoir	les carottes sont cuites

*** Plusieurs mots, un seul début.**
Je complète ensuite les phrases avec deux des mots trouvés.

per – pan – [por] – plo – mir – pri – [ver] – min

	tèbre	vertèbre
ver	glas	verglas
	tige	vertige

	trait	portrait
por	tail	portail
	celaine	porcelaine

Je ne peux pas grimper à cette échelle car j'ai le vertige.

Les assiettes en porcelaine sont jolies mais fragiles.

CORRECTION

*** Drôle d'inventaire : je complète comme l'exemple.**

un tronc d'identité	un tronc d'arbre
la dame de conduire	la dame de pique
une carte d'orchestre	une carte d'identité
un permis de pique	un permis de conduire
un chef d'arbre	un chef d'orchestre

*** Méli-mélo des mots.**

venti	cou	vreuil	pente
che	ver	tèque	leuvre
char	pas	nis	lateur

ventilateur	couleuvre
chevreuil	vernis
charpente	pastèque

*** Je complète les phrases avec quelques-uns des mots trouvés.**

Une couleuvre se faufile dans les herbes. La charpente du toit est en mauvais état. La pastèque est un fruit très rafraîchissant. Un jeune chevreuil poursuivi par les chiens vient de sortir du bois.

*** Je retrouve l'animal pour compléter l'expression.**
Je relie l'expression à sa signification.

crocodile – boeufs – chien – vaches – loup

avoir mauvais caractère	être connu comme le loup blanc
être très connu	un vent à décorner les boeufs
faire semblant de pleurer pour obtenir quelque chose	le plancher des vaches
la terre ferme	pleurer des larmes de crocodile
un vent très fort	avoir un caractère de chien

CORRECTION

*** Je retrouve les anagrammes et je complète les phrases.**

dancra	cadran	canard	peurot	poutre	troupe

Le canard barbote dans la mare. Le cadran solaire nous permet de connaître l'heure grâce au soleil. Une poutre de cette charpente est en chêne. Une troupe de musiciens anime la fête.

*** Méli-mélo des mots.**

tour	prin	quante	tre
si	ins	gnature	trument
mons	cin	cesse	terelle

tourterelle	princesse
signature	instrument
monstre	cinquante

*** Je complète les phrases avec quelques-uns des mots trouvés.**

Il y a cinq dizaines dans cinquante. Ta signature est illisible. Le violon est un instrument à cordes. Une tourterelle roucoule sur le toit. Le petit berger épousera la princesse à la fin de ce conte

*** Je cherche le milieu identique aux trois mots.**

tir – pru – ter – cre – tar – mir – pri – sol – cer

com	pri	mé	→ comprimé
im	pri	merie	→ imprimerie
ca	pri	ce	→ caprice

nec	tar	rine	→ nectarine
gui	tar	iste	→ guitariste
mou	tar	de	→ moutarde

*** Je complète les définitions avec les mots trouvés ci-dessus.**

Elle a six cordes : la guitare *Une variété de pêche :* la nectarine

On y fabrique les livres : l'imprimerie *Elle pique :* la moutarde

CORRECTION

**** Plusieurs mots, un seul début.***
Je complète ensuite les phrases avec deux des mots trouvés.

val – for – rai – cer – chai – pri – cho – per

	ise	cerise
cer	veau	cerveau
	cle	cercle

	sonne	personne
per	ruque	perruque
	drix	perdrix

Mon oncle a tué deux perdrix ce matin à la chasse.

On utilise un compas pour tracer un cercle.

**** Je retrouve l'animal pour compléter l'expression.4***
Je relie l'expression à sa signification.

grenouilles – taureau – agneau – chat – canard

se laver sommairement	il fait froid de canard
il fait très froid	doux comme un agneau
faire face aux difficultés	faire une toilette de chat
d'un caractère agréable et non violent	avoir des grenouilles dans le ventre
avoir des gargouillis	prendre le taureau par les cornes

**** Je retrouve les deux mots cachés.***

raisinge	raisin et singe
potagerçure	potager et gerçure
floconserve	flocon et conserve

CORRECTION

**** Je cherche le milieu identique aux trois mots.***

moi – pi – va – vo – tai – seu – lai – vol – car

vi	lai	ne	→	vilaine
mo	lai	re	→	molaire
b	lai	reau	→	blaireau

mau	va	is	→	mauvais
sau	va	ge	→	sauvage
tra	va	il	→	travail

**** Je complète les définitions avec les mots trouvés ci-dessus.***

Animal des bois : le blaireau

Le lion est un animal sauvage.

Pas bon du tout : mauvais

Pas gentille ou pas belle : vilaine

**** Drôle d'inventaire : je complète comme l'exemple.***

un perce - cou	un perce-neige
un porte - pierre	un porte-bonheur
un casse - neige	un casse-cou
un croque - linge	un croque-monsieur
un lance - monsieur	un lance-pierre
un lave - bonheur	un lave-linge

**** Je retrouve les anagrammes et je complète les phrases.***

recta	trace	carte	agre	gare	rage

Le chasseur a perdu la trace du sanglier. La belote est un jeu de cartes très connu. Le train entre en gare. Ce chien est dangereux, il a la rage.

CORRECTION

**** Méli-mélo des mots.***

py	per	secte	nette
gar	ho	ramide	venche
in	rai	dien	mard

pyramide	pervenche
gardien	homard
insecte	rainette

**** Je complète les phrases avec quelques-uns des mots trouvés.***

La rainette est une petite grenouille. On peut admirer des pyramides en Egypte. Le gardien du musée attend les visiteurs. La pervenche est une fleur bleue. Le homard est un crustacé qui possède d'énormes pinces.

**** Plusieurs mots, un seul début.***
Je complète ensuite les phrases avec deux des mots trouvés.

cal – flu – cra – plo – gra – art – arb – gli

	isse	graisse
gra	ine	graine
	ppe	grappe

	iste	artiste
art	ichaut	artichaut
	ifice	artifice

Le 14 juillet nous irons admirer le feu d'artifice qui sera tiré du château. Cette grappe de raisin n'est pas encore mûre.

**** Salade de fruits ! Je complète l'expression et je relie à la bonne phrase.***

prunes – châtaigne – pêche – pommes

être en pleine forme		prendre une châtaigne
s'évanouir	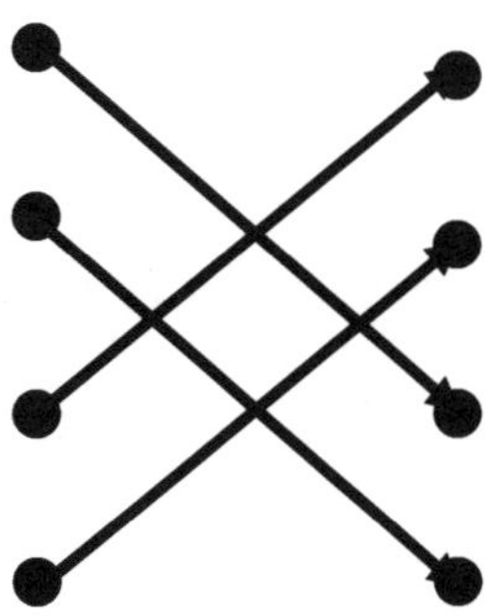	compter pour des prunes
prendre une décharge électrique		avoir la pêche
ça ne compte pas		tomber dans les pommes

CORRECTION

**** Je retrouve l'animal pour compléter l'expression.***
Je relie l'expression à sa signification.

sardines – coq – cochons – rat – souris – chat

avoir des mollets petits et maigres	quand le chat n'est pas là les souris dansent
être pris au piège	être serrés comme des sardines
faire un cadeau à quelqu'un qui ne sait pas l'apprécier	être fait comme un rat
ne plus pouvoir bouger tellement on est serrés	donner de la confiture à des cochons
quand on n'est pas surveillé on fait ce qu'on veut	avoir des mollets de coq

**** Je cherche le milieu identique aux trois mots.***

li – ri – ce – tu – da – ca – ci – mi – di

in	ci	sive	→	incisive
sau	ci	sson	→	saucisson
ra	ci	ne	→	racine

sar	di	ne	→	sardine
ra	di	ateur	→	radiateur
en	di	ve	→	endive

**** Je complète les définitions avec les mots trouvés ci-dessus.***

Il nous réchauffe : le radiateur

Légume aux feuilles blanches : l'endive

Dent de devant : incisive

Charcuterie à l'ail ou sec : le saucisson

**** Je retrouve les deux mots cachés.***

dessincère	dessin et sincère
hivertige	hiver et vertige
voicigale	voici et cigale

CORRECTION

***** Je retrouve les anagrammes et je complète les phrases.**

repah	harpe	phare	gerdan	danger	grande

La harpe a beaucoup de cordes. Un phare indique l'entrée du port. Les passagers de la voiture sont en danger car ils n'ont pas attaché leur ceinture. Ma soeur est plus grande que toi.

***** Drôle d'inventaire : je complète comme l'exemple.**

une chemise à pharmacie	une chemise à carreaux
une canne à cheval	une canne à pêche
une clé à carreaux	une clé à molette
une armoire à voile	une armoire à pharmacie
un fer à molette	un fer à cheval
Une planche à pêche	une planche à voile

***** Méli-mélo des mots.**

cham	mo	rité	pon
majo	oc	voine	niteur
har	pi	pagne	casion

champagne	moniteur
majorité	occasion
harpon	pivoine

***** Je complète les phrases avec quelques-uns des mots trouvés.**

Nous avons acheté une voiture d'occasion à un particulier. Il faut être très adroit pour pêcher au harpon. En France la majorité est à 18 ans. Le champagne est un vin effervescent très apprécié.

CORRECTION

**** Méli-mélo des mots.***

chan	cer	line	cheur
tri	traî	tier	sière
col	pous	neau	tain

chantier	certain
tricheur	traîneau
colline	poussière

**** Je complète les phrases avec quelques-uns des mots trouvés.***

Le tricheur a caché des cartes dans la manche de sa veste. Le traîneau est tiré par six chiens. Il reste de la poussière sous le lit. Ce chantier est interdit au public.

**** Je cherche le milieu identique aux trois mots.***

mo – co – ca – bo – ti – mu – do – du – di

gon	do	le	→	gondole
bre	do	uille	→	bredouille
ar	do	ise	→	ardoise

va	ca	rme	→	vacarme
cas	ca	de	→	cascade
sé	ca	teur	→	sécateur

**** Je complète les définitions avec les mots trouvés ci-dessus.***

Chute d'eau : une cascade

Outil coupant du jardinier: le sécateur

Pierre bleue des couvreurs : l'ardoise

Le chasseur le revient parfois : bredouille

**** Je retrouve les deux mots cachés.***

jardinageoire jardinage et nageoire

décorbeau décor et corbeau

jamaison jamais et maison

alligatorchon alligator et torchon

CORRECTION

*** Plusieurs mots, un seul début.**
Je complète ensuite les phrases avec deux des mots trouvés.

mar – cam – cra – plo – cham – pri – li – ter

	mite	termite
ter	reau	terreau
	miner	terminer

	bre	chambre
cham	pagne	champagne
	ois	chamois

Je boirais bien une coupe de champagne pour fêter ta victoire.

Tu dois terminer ton devoir avant de sortir sur la cour.

*** Plusieurs mots, une seul fin.**
Je complète ensuite les phrases avec deux des mots trouvés.

dron – tre – ser – ffer – rdir   tre – ssion – sseur – ter – ssaire

réchau		réchauffer
coi	ffer	coiffer
étou		étouffer

commi		commission
discu	ssion	discussion
profe		profession

La bouillotte va me réchauffer les pieds.

Je ne dois pas oublier le beurre sur la liste des commissions.

*** Méli-mélo des mots.**

ban	ice	ème	stacle
ob	co	que	quête
en	po	quille	berg

banque	iceberg
obstacle	coquille
enquête	poème

*** Je complète les phrases avec quelques-uns des mots trouvés.**

Le cheval a franchi l'obstacle facilement. La coquille de l'escargot est fragile. J'ai appris ce poème très facilement. L'inspecteur Dupond mène l'enquête. La banque est fermée le lundi matin.

CORRECTION

**** Je retrouve les deux mots cachés.***

pantalongueur	pantalon et longueur	
rampervenche	ramper et pervenche	
bonjournal	bonjour et journal	

**** Je retrouve l'animal pour compléter l'expression.***
Je relie l'expression à sa signification.

guêpe – vipère – chat – lapin – cheval

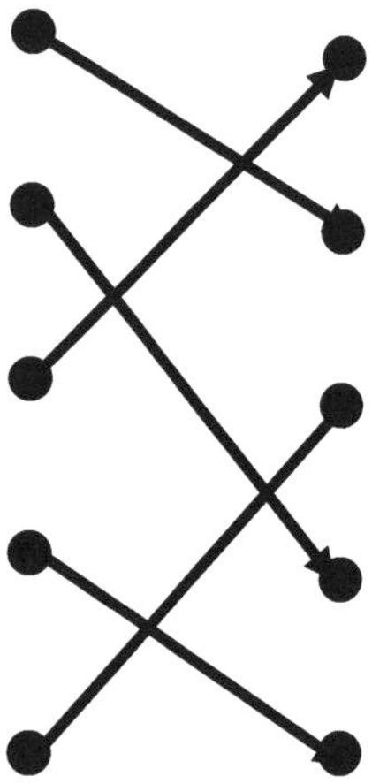

se laver sommairement	avoir une fièvre de cheval
ne pas se rendre à un rendez-vous	faire une toilette de chat
être très malade	avoir une taille de guêpe
dire du mal des autres	poser un lapin
avoir la taille très fine	être une langue de vipère

**** Je retrouve les anagrammes et je complète les phrases.***

norec	corne	ronce	crigea	cirage	cigare

Le bouquetin a de grandes cornes. La ronce est un arbuste couvert d'épines. Le cirage protège les chaussures en cuir. Mon voisin fume souvent le cigare.

*** Salade de fruits ! Je complète l'expression et je relie à la bonne phrase.**

poire – cerise – pêche – pommes

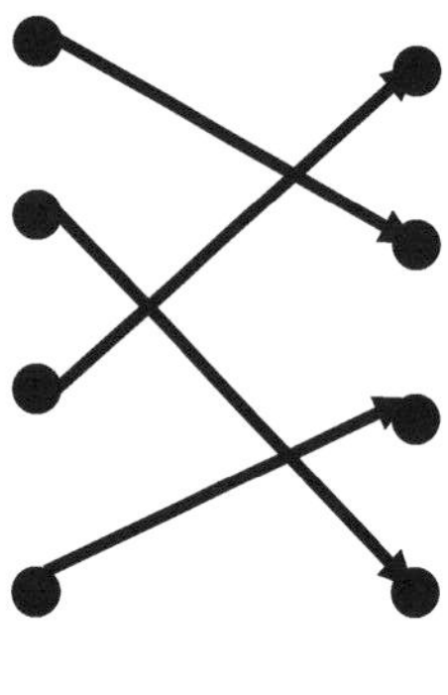

partager	avoir un teint de pêche
tout petit	couper la poire en deux
avoir la peau rose et veloutée	la cerise sur le gâteau
quelque chose en plus	haut comme trois pommes

CORRECTION

***** ***Méli-mélo des mots.***

por	com	ceuse	pête
per	tem	boise	pote
pré	fram	sident	tière

portière	compote
perceuse	tempête
président	framboise

***** ***Je complète les phrases avec quelques-uns des mots trouvés.***

La tempête a provoqué d'importants dégâts. La framboise est un fruit rouge délicieux. Une portière de notre voiture a été endommagée. Nous élisons un nouveau président tous les cinq ans.

***** ***Quel potage ! Je complète l'expression et je relie à la bonne phrase.***

radis – pois – navet – haricots

être complètement stupide	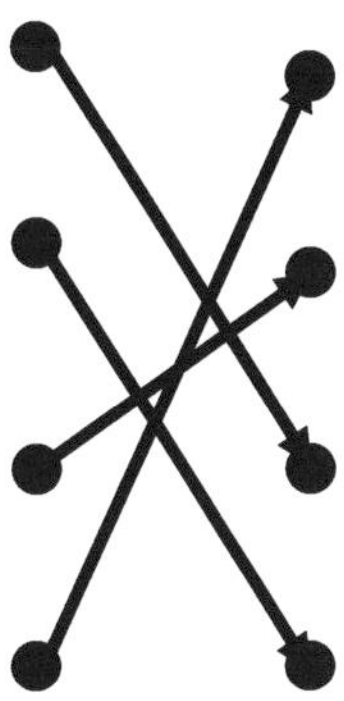	voir un navet
être sans argent		c'est la fin des haricots
la fin de tout.		avoir un petit pois à la place du cerveau
voir un mauvais film		ne plus avoir un radis

***** ***Je cherche le milieu identique aux trois mots.***

su – pe – ro – sa – tu – pli – ar – rou – pi

vi	sa	ge	→	visage
mé	sa	nge	→	mésange
as	sa	ssin	→	assassin

stu	pi	de	→	stupide
ca	pi	tale	→	capitale
é	pi	ngle	→	épingle

***** ***Je complète les définitions avec les mots trouvés ci-dessus.***

Idiot : stupide

Petit oiseau parfois jaune et bleu : la mésange

Peut tenir les cheveux : une épingle

Personnage très dangereux : un assassin

CORRECTION

***** Je retrouve l'animal pour compléter l'expression.**
Je relie l'expression à sa signification.*

moineau – cochons – coq – ver – vache

parler très mal le français	être nu comme un ver
ne rien avoir sur soi	au chant du coq
manger très peu	être copains comme cochons
être très amis	parler français comme une vache espagnole
de bon matin	avoir un appétit de moineau

***** Drôle d'inventaire : je complète comme l'exemple.***

un ouvre - ciel	un ouvre-boîte
un chauffe - cigare	un chauffe-eau
un gratte - nigaud	un gratte-ciel
un allume - eau	un allume-cigare
un attrape - poste	un attrape-nigaud
un timbre - fort	un timbre-poste
un coffre - boîte	un coffre-fort

***** Je retrouve les anagrammes et je complète les phrases.***

gedui	digue	guide	agen	ange	nage

Une énorme digue empêche la rivière d'inonder les champs. Un guide nous explique l'histoire du château de Versailles. Ma petite sœur nage comme un poisson. On représente les anges avec des ailes dans le dos.

CORRECTION

*** Je cherche le milieu identique aux trois mots.**

car – sai – si – vai – po – vi – mil – soi – nai

ser	vi	ette	→	serviette	vi	nai	gre	→	vinaigre
ri	vi	ère	→	rivière	pu	nai	se	→	punaise
éper	vi	er	→	épervier	te	nai	lle	→	tenaille

*** Je complète les définitions avec les mots trouvés ci-dessus.**

Utile pour arracher un clou : la tenaille *Insecte ou petit clou à tête ronde :* la punaise

Oiseau rapace ou jeu de cour : l'épervier *Pour s'essuyer :* la serviette

*** Méli-mélo des mots.**

tran	por	voir	neille
plom	cor	quille	signol
ros	réser	trait	bier

tranquille	portrait
plombier	corneille
rossignol	réservoir

*** Je complète les phrases avec quelques-uns des mots trouvés.**

Chante, rossignol chante, toi qui a le cœur gai. Le plombier a remplacé le lavabo de la salle de bain. Le réservoir de ta voiture est presque vide. Le portrait de la Joconde est exposé au Louvre. La corneille est un oiseau au plumage noir.

*** Plusieurs mots, un seul début. Je complète ensuite les phrases avec deux des mots trouvés.**

far – cla – ham – cal – cha – pri – fra – cer

	eçon	caleçon
cal	umet	calumet
	endrier	calendrier

	ise	fraise
fra	gile	fragile
	mboise	framboise

J'aime bien la confiture de fraise et la gelée de framboise.

En décembre, tous les ans, le facteur nous propose son calendrier.

CORRECTION

***** Je retrouve les anagrammes et je complète les phrases.**

fonler	frelon	ronfle	troffe	offert	effort

Le frelon est un insecte qui ressemble à une grosse guêpe. Mon père ronfle la nuit. Ma tante m'a offert un livre à Noël. Encore un effort et tu vas arriver en haut de cette colline.

***** Je cherche le milieu identique aux trois mots.**

ri – pit – von – cha – bra – roi – il – bri – par

im	par	fait	→	imparfait	a	bri	cot	→ abricot
dis	par	ition	→	disparition	cam	bri	oler	→ cambrioler
dé	par	tement	→	département	nom	bri	l	→ nombril

***** Je complète les définitions avec les mots trouvés ci-dessus.**

Le Calvados en est un : un département *Temps passé :* l'imparfait

Voler sans ailes : cambrioler *Au milieu du ventre :* le nombril

***** Méli-mélo des mots.**

ven	tor	binet	gnet
cha	trom	chon	pette
poi	ro	deur	grin

vendeur	torchon
chagrin	trompette
poignet	robinet

***** Je complète les phrases avec quelques-uns des mots trouvés.**

Nous ne pouvons pas arroser les fleurs du jardin car le robinet est bloqué. Le voisin nous réveille tous les matins en jouant de la trompette. Tu essuies la vaisselle avec un torchon qui n'est pas très propre. Je ne peux pas écrire car je me suis cassé le poignet droit. Hélène a du chagrin parce qu'elle a perdu son petit chat.

CORRECTION

*** Drôle d'inventaire : je complète comme l'exemple.**

un abat - pain	un abat-jour
un sèche - croûte	un sèche-cheveu
un taille - cheveu	un taille-crayon
un grille - jour	un grille-pain
un casse - crayon	un casse-croûte

*** Je retrouve les deux mots cachés.**

languenille	langue et guenille
cafévrier	café et février
examensonge	examen et mensonge
dormiroir	dormir et miroir

*** Méli-mélo des mots.**

bou	ra	dicule	velot
paque	ja	pace	tié
moi	ri	quetin	bot

bouquetin	rapace
paquebot	javelot
moitié	ridicule

*** Je complète les phrases avec quelques-uns des mots trouvés.**

Le lanceur de javelot s'entraîne pour les Jeux Olympiques. Quinze est la moitié de trente. Le hibou est un rapace qui chasse la nuit. Le Titanic était un énorme paquebot de croisière. On peut observer des bouquetins dans les Alpes.

CORRECTION

**** Je retrouve l'animal pour compléter l'expression.***
Je relie l'expression à sa signification.

chien – dindon – coq – chats – lion – loup

prendre la plus grosse part	entre chien et loup
la fin du jour	avoir d'autres chats à fouetter
être chouchouté, dorloté	être le dindon de la farce
être celui qui ressort trompé et ridiculisé	être comme un coq en pâte
avoir des problèmes plus importants à régler	se tailler la part du lion

**** Plusieurs mots, un seul début.***
Je complète ensuite les phrases avec deux des mots trouvés.

cout – pan – tour – plo – chin – pri – mat – sin

	inée	matinée
mat	elas	matelas
	ch	match

	noi	tournoi
tour	terelle	tourterelle
	nesol	tournesol

Une tourterelle roucoule tous matins au sommet du sapin.

Nous irons rendre visite à grand-mère dans la matinée.

**** Je cherche le milieu identique aux trois mots.***

soi – ve – por – man – tra – gin – vu – moi – toi

gri	moi	re	→	grimoire
mé	moi	re	→	mémoire
de	moi	selle	→	demoiselle

sous	tra	ire	→	soustraire
en	tra	cte	→	entracte
é	tra	nger	→	étranger

**** Je complète les définitions avec les mots trouvés ci-dessus.***

Autre nom de la libellule : la demoiselle

Livre de sorcellerie : un grimoire

Pause au théâtre : l'entracte

Qui n'est pas d'ici : étranger

CORRECTION

**** Méli-mélo des mots.***

vic	om	nète	tembre
sep	pu	paing	brelle
par	pla	time	blic

victime	ombrelle
septembre	public
parpaing	planète

**** Je complète les phrases avec quelques-uns des mots trouvés.***

Louna se protège du soleil avec son ombrelle. Les acteurs sont venus saluer le public à la fin du spectacle. Mon voisin a été victime d'un cambriolage cette nuit. Le maçon a posé le dernier parpaing de la maison. La terre est appelée la planète bleue.

**** Je retrouve les anagrammes et je complète les phrases.***

sopeule	pelouse	souple

emar	mare	rame

Je tonds la pelouse du jardin. Cet acrobate est très souple, il se contorsionne dans tous les sens. Les canards barbotent dans la mare. Les rames du bateau sont cassées

*** Je retrouve les deux mots cachés.**

blanchirurgien	blanchir	et	chirurgien
journaliment	journal	et	aliment
traversingulier	traversin	et	singulier
soupersonne	souper	et	personne
castorrent	castor	et	torrent
poivrongeur	poivron	et	rongeur

CORRECTION

**** Quel potage ! Je complète l'expression et je relie à la bonne phrase.***

chou – patate – moutarde – oignons

les oreilles décollées	les oreilles en feuilles de chou
être en pleine forme	avoir la patate
se mêler de ses affaires	s'occuper de ses oignons
se mettre en colère	la moutarde qui monte au nez

**** Je cherche le milieu identique aux trois mots.***

son – ir – lon – ca – sar – or – jo – sou – cir

tou	jo	urs	toujours
en	jo	liveur	enjoliveur
bon	jo	ur	bonjour

per	son	ne	personne
men	son	ge	mensonge
pri	son	nier	prisonnier

**** Je complète les définitions avec les mots trouvés ci-dessus.***

Quelqu'un : une personne

Il est derrière les barreaux : le prisonnier

Contraire de jamais : toujours

Il embellit les roues : l'enjoliveur

**** Plusieurs mots, un seul début.***
Je complète ensuite les phrases avec deux des mots trouvés.

pas – pla – déri – plo – chan – flo – cou – fou

	rrier	courrier
cou	rageux	courageux
	leuvre	couleuvre

	tille	pastille
pas	sager	passager
	soire	passoire

J'égoutte les pâtes avec une passoire.

Le facteur distribue le courrier vers onze heures du matin.

CORRECTION

**** Je retrouve les anagrammes et je complète les phrases.***

seuca	cause	sauce	reipo	poire	proie

Je boite à <u>cause</u> de mon entorse. Sur la salade je verse de la <u>sauce</u> vinaigrette. La <u>poire</u> est un fruit à pépins. Le zèbre est une <u>proie</u> facile pour le lion.

**** Méli-mélo des mots.***

car	mou	raude	gère
dire	fou	ment	touche
éme	ci	ction	ette

cartouche	mouette
direction	fougère
émeraude	ciment

**** Je complète les phrases avec quelques-uns des mots trouvés.***

Le chasseur a tiré sa dernière <u>cartouche</u>. Les <u>mouettes</u> suivent le chalutier qui rentre au port. La girouette nous indique la <u>direction</u> du vent. L'émeraude est une pierre précieuse verte. La <u>fougère</u> est une plante verte.

**** Drôle d'inventaire : je complète comme l'exemple.***

un essuie - pied	un essuie-glace
un casse - dent	un casse-pied
un pince - glace	un pince-oreille
un couvre - oreille	un couvre-lit
un cure - bouchon	un cure-dent
un tire - linge	un tire-bouchon
un sèche - lit	un sèche-linge

CORRECTION

**** Je cherche le milieu identique aux trois mots.***

ti – ir – on – bar – to – or – it – da – d

rhu	bar	be	→ rhubarbe
guim	bar	de	→ guimbarde
dé	bar	quer	→ débarquer

ven	da	nge	→ vendange
pé	da	lo	→ pédalo
gen	da	rme	→ gendarme

**** Je complète les définitions avec les mots trouvés ci-dessus.***

La cueillette du raisin c'est la vendange.

Je pédale sur l'eau je fais du pédalo.

Descendre d'un bateau c'est débarquer.

On en fait de la confiture : la rhubarbe.

**** Je retrouve les deux mots cachés.***

boutondeuse bouton et tondeuse

jasminute jasmin et minute

vraimenton vraiment et menton

diamanteau diamant et manteau

**** Méli-mélo des mots.***

plas	per	tile	card
rep	tri	sonne	mise
che	pla	tique	angle

plastique	personne
reptile	triangle
chemise	placard

**** Je complète les phrases avec quelques-uns des mots trouvés.***

Les chaussures sont rangées dans le placard du couloir. Le triangle est un polygone à trois côtés. La vipère est un reptile venimeux. Tu ne repasses jamais tes chemises. Il n'y a plus personne dans le magasin.